Le Parche Edizioni

I0422328

Le Parche Edizioni

La Vita in Pezzi
Prima edizione: ottobre 2017
Impaginazione e Grafica
© Le Parche Edizioni
© Bill Martora
ISBN: 978-0-244-04255-4
www.leparchedizioni.com

Collana: *Il Fuso di Lachesi*

La Vita in Pezzi

Metafora in bianco e nero

Bill Martora

Le Parche Edizioni

Prefazione

I libri di scacchi, quelli veri, quelli dedicati alla tecnica della partita, possono sembrare, al non giocatore che se li trovi fra le mani, simili a una specie di elenco telefonico, pieno di numeri e diagrammi. Studiare partite e posizioni è infatti necessario per migliorare il proprio livello di gioco: per questo motivo gli scacchisti sono tradizionalmente buoni lettori di libri, e in Italia sono sorte diverse case editrici dedicate in maniera prevalente al gioco.

Temi e argomenti scacchistici emergono in libri di argomenti diversi: dalle scienze esatte alle scienze umane. In particolare gli scacchi hanno spesso incrociato la matematica, e il racconto di alcuni aspetti psicologici del gioco ha incontrato un certo favore nel pubblico.

Ma nelle opere letterarie, al cui interno, il tema scacchistico ha assunto un'importanza fondamentale, la presentazione del gioco ha, a seconda dei casi, ruoli differenti. Richiedendo capacità di memorizzazione, concentrazione e analisi, il gioco degli scacchi è stato spesso usato come segno d'*intelligenza*, per connotare situazioni o personaggi.

In altre occasioni gli scacchi segnalano una situazione complessa, a carattere strategico, indicano dunque un problema o un *enigma*.

Il gioco è usato spesso per indicare un *conflitto* formalizzato: una contrapposizione di forze. Spesso gli scacchi segnalano una *ossessione*, che è differente dalla dissipazione economica e psicologica indotta dal gioco d'azzardo e narrata in varie novelle: gli scacchi possono portare all'autodistruzione non, come per il gioco d'azzardo, per fattori sociali esterni all'individuo, bensì per l'intensità interiore dell'investimento della propria personalità nel gioco. Questo rischio di autodistruzione, che ha trovato espressione in opere come quelle di Nabokov o Zweig, è emerso anche in alcuni grandi campioni. In particolare due giocatori americani di livello mondiale:

Paul Morphy e Bobby Fischer. Alla metà dell'800 Morphy, dopo aver sbaragliato in Europa tutti i più forti giocatori, smise improvvisamente di giocare e si ritirò nell'anonimato.

Più clamoroso il caso di Fischer che, dopo aver battuto il campione del mondo sovietico Spassky (nel 1972, in piena guerra fredda, il match "del secolo" come allora fu definito, ebbe un eco smisurato nella stampa mondiale), smise di giocare pur avendo ricevuto offerte vantaggiosissime, e accettò di riapparire soltanto in una triste replica del suo match con Spassky nel 1992 in Jugoslavia durante la guerra civile, perdendo per questo la cittadinanza americana, dopo deliranti dichiarazioni antisemite.

Di fronte a queste personalità che rasentano il caso clinico, bisogna comunque sottolineare per altri versi la riconosciuta utilità pedagogica del gioco e il suo valore educativo e culturale.

Grandi autori si sono serviti degli scacchi nelle loro opere in varie forme: da

Lewis Carroll a Borges, da Beckett a Canetti. I differenti modi di usare il tema scacchistico variano a seconda degli autori, e seguono il mutare dei tempi. È interessante a questo proposito rileggere oggi il testo dedicato da Poe al cosiddetto "Turco", il presunto automa capace di giocare a scacchi (*Il giocatore di scacchi di Maelzel*, testo scaricabile in formato pdf dal sito della Federazione scacchistica italiana); si trattava in realtà di una struttura meccanica all'interno della quale si nascondeva un forte giocatore, come Poe dimostra nel suo studio. Sono ormai passati quasi dieci anni da quando il computer Deep Blue dell'Ibm ha battuto l'allora campione del mondo Kasparov, realizzando senza trucchi il sogno del "Turco", dando così il segno del mutamento radicale avvenuto nella natura stessa del gioco. Anche nella letteratura poliziesca gli scacchi hanno avuto fortuna: a partire da S.S. Van Dine sino a Pérez Reverte, scacchiere e misteri si intrecciano in vari modi, dando occasione a trame complicate e personaggi misteriosi.

Una delle chiavi per comprendere il ruolo degli scacchi in letteratura risiede nella valutazione della funzione del gioco in generale e il suo posto nelle attività e nelle fantasie della vita umana: a questo tema sono stati dedicati volumi innumerevoli con gli intenti più eterogenei, da Huizinga a Winnicott, solo per fare due nomi. È stato notato come gli scacchi, gioco di guerra dal rituale formalizzato che avviene in una soggettiva sospensione del tempo reale, possano fornire un'immagine riflessa di ossessioni e desideri radicati nel profondo. È indubbio che il lato oscuro degli scacchi abbia trovato in letteratura la sua espressione migliore: la "passione inutile" identificata a suo tempo dal critico Alexander Cockburn, che rappresentava il gioco nel titolo di un suo libro come una danza con la morte, basata sulla ripetizione e regressione al mondo dell'infanzia, ha avuto influenza anche in altri campi, come è evidente se si guarda all'approdo scacchistico scelto da Marcel Duchamp per rappresentare il destino dell'arte.

L'immagine degli scacchi, piena, di per sé, di proprietà metaforiche, è stata investita di significati differenti a seconda delle intenzioni e/o necessità dei vari autori. Del resto è facile costatare come si ricorra spesso all'immagine metaforica del gioco in vari campi: per descrivere situazioni di conflitto o di particolare complessità o altro ancora, in politica, negli articoli di giornale così come nei discorsi di tutti i giorni, frequentemente ci si serve degli scacchi. Gli scrittori, dunque, si sono sempre sentiti liberi di usare gli scacchi come metafora e questo gioco è stato usato da differenti padroni per vari fini: c'è solo da augurarsi che la partita continui.

I
Riflessioni sulla vita.

La vita può essere rappresentata come una serie televisiva a puntate in cui ognuno di noi svolge il proprio ruolo e si rende responsabile delle proprie azioni. La partecipazione obbligata e subordinata incontra situazioni disparate, eventi incontrollati, circostanze casuali non volute né cercate, a cui non ci siamo potuti opporre nel passato e continuiamo a combattere nel presente. Siamo pedine involontarie di un gioco con regole precise e principi tramandati, artefici di una partita giocata in precedenza dai nostri avi nel corso della loro esistenza. Ci troviamo coinvolti e costretti a cominciare la nostra partita seguendo strategie non preparate, non studiate, ma improvvisate.

Per improvvisazione s'intende, in senso generico, l'atto di creare qualche cosa mentre si esegue, in maniera spontanea o casuale, una stupenda interpretazione del nostro essere e del nostro volere, priva di preoccupazioni e di un copione definito, come succede in teatro. Una recitazione naturale e sincera, che raffigura involontariamente un percorso preciso.

È proprio durante i primi anni della nostra vita che le nostre azioni, le nostre manovre d'inserimento, sono dettate da continue improvvisazioni, mosse sconclusionate e istintive, eseguite in maniera impulsiva o involontaria, che ci permettono di mantenere una posizione di difesa fino a quando non diventiamo autonomi e responsabili del nostro futuro, in grado cioè di pianificare la nostra strategia fino al punto da descrivere un piano d'azione a lungo termine.

In seguito, per riuscire a impostare e coordinare questi comportamenti, tesi al raggiungimento del nostro scopo predeterminato, ci si affida alla tattica, che nei confronti della strategia concerne lo studio di eventi a breve termine, e che dipende soltanto dall'abilità del giocatore, quindi automaticamente dalla nostra volontà di crescita.

Se la vita è un gioco e quindi una gara da affrontare, il nostro compito è lasciarci coinvolgere e sostenere questa sfida, anche rischiando, utilizzando strategie o tatticismi.

Non importa in che modo gareggiamo, ma giochiamo la nostra partita senza tralasciare nessuna regola.

In quest'ottica di positivismo, possiamo anche rischiare di cadere, ma è proprio in quell'attimo che dobbiamo avere la forza per rialzarci, perché la vita la gestiamo noi giorno dopo giorno, cercando di combattere le insoddisfazioni e le delusioni che si presentano, e che immancabilmente ci fanno soffrire.

II
L'antagonista – Il destino

Prima di addentrarci nello svolgimento della nostra partita, prima di valutare le nostre posizioni, le nostre mosse con approfondimenti specifici, dobbiamo cercare di capire con chi e contro chi, stiamo giocando la nostra sfida: chi è il nostro avversario.

È arrivato il momento di assegnare un nome al nostro avversario, all'antagonista di sempre, colui contro il quale ognuno di noi cerca di vincere la propria partita, tentando di conferire valore e apportare sostanza alla nostra vita.

Il suo nome è: Il Destino.

Con questo termine, genericamente ci si riferisce a un insieme d'inevitabili eventi che accadono secondo una linea temporale, soggetta alla necessità, e che portano a una conseguenza finale prestabilita. Il destino può essere concepito come l'irresistibile potere o agente che determina il futuro, sia dell'intero cosmo sia di ogni singolo individuo. Se fosse così, non ci sarebbe bisogno di accanirci contro niente e nessuno, potremmo rimanere fermi e aspettare che il destino si compia, ma questo può funzionare sugli oggetti inermi, sulle piante, sulle forme di vita senza cervello e, in certi casi, perfino sulla maggior parte degli animali, che non hanno la possibilità di contrastare il fato, anche se, in questi casi c'è chi opera per loro e gli disegna destini diversi.

Per quanto riguarda l'uomo, l'idea di destino deve corrispondere, psicologicamente, al nostro modo d'essere. Destino, quindi, determinato dalle scelte che facciamo, dettate dal carattere, dalla scelta che altri di noi fanno e che può quindi condizionare il nostro futuro, dettata dalla nostra fisionomia caratteriale.

"Faber est suae quisque fortunae"
ovvero,
"Ciascuno è artefice della propria sorte".
Siamo noi che costruiamo il nostro destino, seguendo i nostri sogni, i nostri

desideri, lottando affinché si avverino e ci conducano al raggiungimento dei nostri scopi. Questo comporta maggiori attenzioni da parte nostra durante il proseguimento della partita, facendo in modo che non sia l'avversario a comandare il gioco e negandogli la possibilità di soccomberci.

La nostra partita ha uno scopo preciso: fare in modo che la nostra vita, il nostro percorso esistenziale, sia parte integrante del nostro essere e che prosegua secondo il volere di ognuno di noi.

Adesso, possiamo passare ad analizzare il piano di gioco, *la scacchiera*, formata da sessantaquattro caselle, e dare una definizione precisa ai sedici pezzi, che raffigurano i personaggi, le persone che ci circondano e che faranno parte della nostra vita.

Il nostro obiettivo, ovviamente, è dare *scacco matto*, in altre parole attaccare il Re avversario senza che esso abbia la possibilità di sfuggirci, ed è quello che ognuno di noi cercherà di fare per imporre al nostro avversario, il nostro amato destino, a non sottrarsi alla sorte che esigiamo.

III
I personaggi
(pezzi della scacchiera).

Una partita a scacchi è monitorata dal tempo e ognuno dei due giocatori ne avrà a disposizione una certa quantità per compiere la sua mossa, con una velocità di esecuzione che potrà variare, seguendo le proprie capacità balistiche. Quest'intervallo ci permetterà di ragionare, riflettere, su quello che siamo in procinto di fare, di ponderare con calma la nostra decisione: il tempo ci aiuterà a capire quale potrà essere la nostra prossima mossa e dare il via alle nostre iniziative future. Soprattutto nelle prime azioni, nei nostri primi passi e negli anni della nostra adolescenza, sarà difficile assimilare e valutare gli effetti delle nostre iniziative, perché saranno dettati dall'impulsività, dalla voglia di emergere, dal desiderio di imporsi, ma, involontariamente, formeranno la base per il nostro futuro e influiranno non poco nel nostro cammino: sarà proprio in conformità a questi spostamenti, che proseguirà il nostro percorso. In effetti, per fare un esempio pratico e autobiografico, consideriamo la scelta dell'indirizzo scolastico. Quanti di noi hanno scelto di intraprendere un percorso dogmatico, sereni e sicuri della propria preferenza? Personalmente, la mia è stata dettata da troppa superficialità e trascuratezza, valutando l'importanza di questo passo e, sotto certi aspetti, ha condizionato il mio futuro. Il conseguimento del diploma non mi ha indirizzato in un percorso evolutivo e produttivo, non è servito a orientarmi su di una scelta definita e a darmi quello slancio di cui avevo bisogno, ma è rimasto lì, chiuso nel cassetto dei ricordi. La mia partita ha subito un cambiamento radicale, costringendomi ad agire diversamente e obbligandomi a cambiare strategia. Il mio antagonista sorride beffardo, sicuro di avere la partita in pugno e gioca con disinvoltura, sulla scia delle mie disavventure, dei miei sbagli, ma c'è ancora tempo per rimediare e

mi affido a spiragli di speranza: le aperture.
L'apertura è una fase di gioco volta a
sviluppare i pezzi, cioè a collocarli in
maniera che essi siano più attivi ed efficaci,
per quanto possibile. Solitamente i pezzi
leggeri (cavalli e alfieri), essendo i più
adatti a muoversi in una scacchiera molto
affollata, sono i primi a essere potenziati; in
seguito s'incrementano i pezzi pesanti, cioè
torri e donna, che sono, infatti, poco
efficaci e vulnerabili in una scacchiera
affollata, mentre possono esprimere la loro
efficacia quando hanno a disposizione
spazio sgombro davanti a loro.

L'apertura ha una serie di obiettivi
strategici:

a) Sviluppo dei pezzi che devono
occupare le case utili dalle quali esercitano
la migliore influenza sulla partita.

b) Controllo del centro, che permette ai
pezzi di spostarsi facilmente da una parte
all'altra della scacchiera, comprimendo al
contempo il gioco dell'avversario.

Un elemento importante nell'evoluzione di una partita a scacchi è la struttura pedonale, in altre parole la configurazione dei pedoni sulla scacchiera.

Il pedone segue regole di movimento abbastanza complesse ed è quello meno importante rispetto agli altri, ma, nel suo piccolo, è fondamentale per impostare il nostro gioco.

Cercherò di farvi capire come classifico il pedone nell'ambito del nostro cammino e quanto può influire sulla nostra vita.

IV
Il pedone.

Riprendendo il discorso precedente, vediamo come sono collocati i pezzi sulla scacchiera.

I pedoni occupano rispettivamente la seconda e la settima traversa, mentre gli altri pezzi si schierano nella prima e nell'ottava. Dai due angoli, in modo simmetrico, ogni giocatore colloca torre, cavallo, alfiere e, per finire, la donna, sulla casella del proprio colore rimasta libera, e il re nella casella di colore opposto. Il giocatore che muove per primo, in altre parole quello che vede il proprio re a destra della propria donna, si chiama convenzionalmente "Bianco", l'altro "Nero". Alla sua prima mossa, ciascun pedone può muovere di una oppure due caselle in avanti, a scelta del giocatore, a patto che il riquadro di destinazione, ed eventualmente quello saltato, sia libero. Il pedone non può, infatti, catturare i pezzi che incrocia sulle caselle frontali. Nelle sue mosse successive il pedone può avanzare di una casella per mossa, a patto che questa sia libera e non può muovere all'indietro. Il pedone è il solo pezzo che cattura in maniera differente da come muove. Può catturare un pezzo nemico se si trova su una delle due caselle poste diagonalmente in avanti rispetto al suo riquadro di partenza, ma non può muovere in queste caselle, se esse sono libere. Quando, eseguendo la sua prima mossa di due caselle in avanti, il pedone viene a trovarsi di fianco ad un pedone avversario, quest'ultimo può, alla mossa successiva catturarlo en passant, come se il primo fosse avanzato di una sola casa. L'en passant può essere eseguito solo come mossa successiva all'azione del pedone avversario di due caselle, altrimenti si perde il diritto a compiere tale presa. Se un pedone avanza fino all'ottava traversa, è promosso, ossia sarà sostituito con un pezzo dello stesso colore (donna, torre, alfiere o cavallo, a scelta del giocatore), indipendentemente dai pezzi già presenti sulla scacchiera. È dunque possibile avere un numero di esemplari di un certo pezzo, maggiore rispetto a quello iniziale. L'effetto è immediato, ad esempio si può dare scacco matto con una "promozione", se il re avversario è nel raggio di azione del nuovo pezzo. In pratica, il pedone viene, nella maggior parte dei casi, promosso donna, che è il pezzo più forte; tuttavia, in altre situazioni, può essere conveniente scegliere un pezzo diverso, per ottenere il massimo vantaggio, ad esempio, per dare scacco lo sostituiremo col cavallo. In questi casi si parla di "promozione minore".

Adesso cerchiamo di capire che funzione può avere il pedone, nella nostra vita. Ognuno di noi è attorniato da tante persone che, in alcuni casi, contribuiscono allo sviluppo del nostro percorso. Potranno essere conoscenti, parenti, datori di lavoro, colleghi, che trovandosi a condividere momenti della nostra vita, influiranno sia positivamente sia negativamente sulle nostre iniziative, ma potranno anche non intaccarle minimamente e in nessun modo;

in questo caso li metteremo in disparte, in un posto della nostra mente che chiameremo "assenza". C'è un'altra categoria di persone che partecipa attivamente al nostro percorso evolutivo, una tipologia d'individui che ci affianca, giorno dopo giorno, e del quale non possiamo farne a meno: gli amici. Riprenderemo questo discorso più avanti, perché urge di un'estesa argomentazione e di un ragionamento molto ampio, trattandosi di un tema che coinvolge tutti noi, indistintamente.

V
L'amicizia.

Con amicizia, da un punto di vista oggettivo, s'indica un tipo di legame sociale, privo dell'elemento sessuale, accompagnato da un sentimento di affetto vivo e reciproco tra due o più persone dello stesso o differente sesso, ma anche tra esseri appartenenti al mondo degli animali. Da un punto di vista soggettivo, insieme all'amore, l'amicizia è un atteggiamento nei confronti degli altri, caratterizzato da una rilevante carica emotiva e fondante la vita sociale del singolo. In quasi tutte le culture, l'amicizia è intesa e percepita come un rapporto alla pari, basato sul rispetto, la stima, e la disponibilità reciproca.

L'amicizia non prevede l'esclusività affettiva: gli amici possono cioè frequentare altri individui a scopo amoroso, sessuale, relazionale, etc...., senza che il rapporto vicendevole di amicizia ne sia compromesso. Nel divenire dello sviluppo dell'emotività individuale, le amicizie vengono dopo il rapporto con i genitori e prima dei legami di coppia che si stabiliscono alla soglia della maturità. Nel periodo che intercorre fra la fine dell'infanzia e l'inizio dell'età adulta, gli amici sono spesso l'elemento più importante della vita emotiva dell'adolescente e spesso raggiungono un livello d'intensità mai più eguagliato in seguito. Le prime forme d'amicizia si possono avere anche nei primi anni di vita, quando i bambini condividono gli stessi giochi e le stesse esperienze ludiche e di crescita. I bimbi piccoli incontrano i loro coetanei all'interno del nido e con loro instaurano delle semplici relazioni che ancora non si possono definire di amicizia.

Due bambini che giocano insieme entrano in relazione e si conoscono a vicenda. Con l'ingresso nella scuola materna, i bambini imparano le abilità fondamentali che servono per lo sviluppo e la nascita delle nuove amicizie. Negli anni della scuola materna preferiscono stare insieme con alcuni bambini rispetto che ad altri e nelle sezioni nascono anche i primi gruppi di amici. Nella scuola elementare i bambini trascorrono molte ore con i loro compagni e cercano punti di riferimento all'interno della classe. Solitamente il punto di riferimento è un compagno dello stesso sesso, ma può anche accadere che nascano amicizie tra coetanei di sesso differente. Le amicizie alla fine della scuola elementare sono ormai consolidate e solitamente destinate a cambiare con l'ingresso nella scuola media. A questo punto si raffigura il rapporto con persone che influiranno nella nostra vita e condizioneranno le nostre decisioni future.

Con un amico si può condividere di tutto: idee, passioni, sogni, puoi scegliere di camminarci insieme, lungo lo stesso percorso o, addirittura, seguire i suoi stessi ideali, pensando che siano più opportuni ed efficaci dei tuoi.

Un amico, se è sincero, può dettarci la mossa giusta, indirizzarci nella direzione migliore, consigliarci la strategia da mettere in atto e accompagnarci passo dopo passo. Di conseguenza, anche noi faremo altrettanto per lui, aiutandolo nella sua partita.

Un amico può interferire in mille modi nella nostra vita e sarà sempre un'esperienza che ci permetterà di crescere, ma quello che conta veramente, è rimanere sempre se stessi e giocare la propria partita in assoluta autonomia.

Il destino, il nostro antagonista, seguirà le nostre mosse con molta attenzione e sarà sempre pronto a ostacolarci per imporre il suo gioco, aspetterà il momento giusto per intrappolarci nella sua rete, sicuro che alla fine commetteremo un passo falso: perché lui, il nostro amato destino, conosce bene la vita.

VI
Le piccole conquiste.

Le fasi di apertura, che ho accennato nei post precedenti, possono seguire linee di sviluppo che si sono dimostrate, in molti casi, efficaci, studiate e codificate in letteratura: queste possono guidare il giocatore nello sviluppo dei pezzi fino ad un certo punto del gioco dopodiché, il giocatore stesso, deve proseguire da solo, sfruttando il vantaggio della posizione ottenuta, grazie al tema strategico dell'apertura scelta.

L'obiettivo dell'apertura è disporre i propri pezzi in modo che questi possano controllare il maggior numero di caselle possibili e nello stesso tempo contrastare la disposizione dei pezzi avversari che cercheranno di fare altrettanto. Nonostante la vasta gamma di possibilità, l'apertura è effettuata cercando di perseguire i seguenti obiettivi:

Controllo e occupazione del centro.

"Le idee audaci sono come i pedoni che avanzano agli scacchi: possono essere bloccati, ma possono anche farci vincere le battaglie"
(Goethe)

Con quest'aforisma di Goethe, possiamo dire che le piccole conquiste si ottengono, soprattutto, tramite iniziative spavalde, coraggiose: le nostre azioni, nel tentativo di conquistare il centro, devono avvenire con entusiasmo, testardo e fiducioso. Sì, dobbiamo credere in noi stessi e avere fiducia delle nostre capacità.

Soprattutto dopo aver terminato gli studi, ognuno di noi è stato, e lo è tutt'oggi per le nuove generazioni, sempre titubante per quanto riguarda la decisione da prendere. Si riflette tanto sulla scelta da portare a termine, rimuginando non poco sulla mossa da attuare, ma questo è un passo risolutivo, importante per intraprendere un percorso evolutivo nell'ambito sociale, è indispensabile per illuminare il nostro futuro.

Ecco perché le fasi di apertura della nostra partita, devono scaturire da idee ben precise e ponderate, ed ecco perché è buona norma, procedere all'occupazione delle caselle centrali e al loro controllo (ovvero a muovere un pezzo o un pedone in modo tale che minacci una casella centrale).

Questo permette anche di costruire una "barriera" dietro la quale sviluppare i propri pezzi o anche di creare un "avamposto" per le successive fasi della partita. Vista la loro importanza, dobbiamo cercare di considerare più varianti, per poi intraprendere quella che più ci soddisfa, che più ci accontenta e che instaura fiducia nel nostro perseverare.

La fiducia è il principio cardine su cui basiamo molta parte della nostra esistenza, condizionando e costruendo relazioni, rapporti, situazioni quasi stabili, che vanno dagli affari alla vita privata, al lavoro, alla nostra interiorità. Tutto parte e si sviluppa da un atto di fiducia iniziale, in parte forte. Un patto di fiducia, siglato attraverso una profonda comprensione reciproca, si gioca nel presente, ma avrà attendibilità solo nel futuro: tutti sappiamo promettere nell'immediato, ma pochi sanno mantenere il patto e solo quando la fiducia viene a mancare, che siamo in grado di percepire l'importanza che aveva per noi la persona che l'aveva concessa.

VII
I passi falsi.

Ci sono situazioni in cui l'apporto della fiducia diventa qualificante e significante, per rendere durevole il vincolo. Il problema nasce quando cambiano questi stati, che naturalmente non possono essere eterni. In un matrimonio, come in un'amicizia o nel lavoro possono subentrare speranze diverse e nuove. In questo caso la fiducia concessa anticamente, va rivalutata, o meglio, rinegoziata. In questo caso il dialogo e la ridefinizione dei termini, possono rinnovare il contratto: entrambi si accorgono delle nuove necessità dettate dall'altro o da nuovi fattori esterni e quindi stabiliscono la possibilità di fissare nuovi obiettivi comuni. Quando questo non è possibile, viene a mancare sia il patto, sia la fiducia, da parte di chi l'aveva concessa. L'aspettativa iniziale è tradita e, di conseguenza, anche ciò che si è costruito insieme, sia esso professionale, personale o di altra natura, è sminuito e svilito.

"Quanti dolori, ahimè, potremmo evitare nella vita se solo potessimo ritirare le mosse sbagliate e giocare di nuovo!"
(Goethe)

La propensione a fidarsi in parte delle persone, è un fattore che dipende molto dall'autostima. È evidente che più si subiscono torti o tradimenti, più sarà palese la propensione a non avere e, automaticamente, non concedere fiducia. Ne consegue che chi ha una scarsa autostima farà più fatica a instaurare rapporti di fiducia con gli altri, con la paura di subire "l'ennesima fregatura". In molti casi mi accorgo che persone, anche apparentemente determinate nell'ambito del lavoro, stabiliscono relazioni di fiducia che a priori, secondo loro, saranno tradite e, come sempre, quando vogliamo che qualcosa accada, allora succede veramente. Costruire la fiducia, oggi, sembra pressoché impossibile; i tradimenti istituzionali primi e, via via, quelli sociali a essi legati, hanno reso il clima generale greve e, peggio ancora, con scarsa speranza. Infatti, di là dai risentimenti personali di una rabbiosa reazione iniziale, quando la fiducia viene meno per un lungo periodo, nell'animo umano si sedimentano forti rancori che sfociano nell'astio e nell'odio. Basta guardarsi intorno per vedere come regnino incontrastate rabbie e paure, producendo nella società effetti devastanti a tutti i livelli. Non riuscire a ricostruire un grado di fiducia, significa non potere avere il senso del futuro.

VIII
Leggende.

Vi racconto una storia che nasconde innumerevoli messaggi e che ci induce a giocare la nostra partita con molta attenzione, non sottovalutando mai le mosse avversarie: impostare la nostra sfida sulla difensiva o comunque caratterizzarla di complesse manovre, può durare tantissimo, concedendoci la possibilità di trovare con calma la nostra strada e, di conseguenza, riuscire a conquistare il nostro obiettivo.

Una leggenda racconta che un re indù, di nome Iadava, vinse una grande battaglia per difendere il suo regno, ma per vincere dovette compiere un'azione strategica in cui suo figlio perse la vita. Da quel giorno il re non si era più dato pace, perché si sentiva colpevole per la morte del figlio e ragionava continuamente sul modo in cui avrebbe potuto vincere senza sacrificare la vita del figlio: tutti i giorni rivedeva lo schema della battaglia, ma senza trovare una soluzione. Tutti cercavano di rallegrare il re, ma nessuno vi riusciva. Un giorno si presentò al palazzo un brahmano, Lahur Sessa, che, per rallegrare il re, gli propose un gioco che lui stesso aveva inventato: il gioco degli scacchi. Il re si appassionò a questo gioco e, a forza di giocare, capì che non esisteva un modo diverso per vincere quella battaglia senza sacrificare un pezzo, ovverosia suo figlio. Il re fu finalmente felice, tanto da chiedere a Lahur Sessa quale ricompensa egli volesse: ricchezze, un palazzo, una provincia o qualunque altra cosa. Il monaco rifiutò, ma il re insistette per giorni, finché alla fine Lahur Sessa, guardando la scacchiera, pensò che sfidandolo, si sarebbe potuto guadagnare la sua ricompensa senza dover ringraziare nessuno e gli disse: «Tu mi darai un chicco di grano per la prima casella che riuscirò a conquistare, due per la seconda, quattro per la terza, otto per la quarta e così via». Il re rise di questa richiesta, meravigliato del fatto che il brahmano potesse chiedere qualunque cosa e invece si accontentasse di pochi chicchi di grano. Il giorno dopo i matematici di corte, andarono dal re e lo informarono che per adempiere la richiesta del monaco non sarebbero bastati i raccolti di tutto il regno per ottocento anni. In questo modo, Lahur Sessa insegnò al re che una richiesta apparentemente modesta può nascondere un costo enorme. In effetti, facendo i calcoli, il brahmano chiese 18.446.744.073.709.551.615 (18 trilioni 446 biliardi 744 bilioni 73 miliardi 709 milioni 551mila 615) chicchi di grano. In ogni caso il re capì, il brahmano ritirò la richiesta e divenne il governatore di una delle province del regno.

La vita è un'immensa partita a scacchi dove l'importante non è vincere o perdere, bensì essere un giocatore e non una pedina. Poiché il giocatore è fautore del proprio destino anche nella sconfitta, mentre la pedina è vittima degli eventi anche nella vittoria.
(Dino Notte)

IX
Le raccomandazioni.

Durante il percorso della nostra vita, a volte, incappiamo in situazioni complicate, intricate, e per giungere allo scopo prefissato, avvertiamo il bisogno di appoggiarci ad altri individui. Se non riusciamo a raggiungere l'obiettivo, con le nostre sole forze, con la nostra spinta emotiva e le nostre capacità, cerchiamo l'aiuto di una persona che supporti il nostro progetto e creda in noi. Possiamo parlare di raccomandazione oppure di aiuto spontaneo.

L'aiuto schietto, senza intenzioni di profitto, di tornaconto, può presentarsi principalmente da parte di amici veri, sinceri, ma, purtroppo, quest'aspetto si mostra molto raramente e solo in pochi casi ci permette di raggiungere lo scopo. Per quanto riguarda la raccomandazione, questo meccanismo "va a buon fine", quando tutti i soggetti coinvolti agiscono di concerto, organizzati. Molto spesso, le relazioni tra gli assoggettati sono sostenute da trasferimenti di denaro e/o altre prestazioni. Quando la raccomandazione ha buon esito, e il candidato è insediato nel posto di lavoro da lui richiesto, può succedere che gli sia segnalato dall'ex raccomandatario un nuovo candidato da favorire, aprendo così una catena che è molto difficile interrompere, ma che finisce spesso per premiare candidati impreparati o inadatti a quella mansione, a danno di altre persone che avrebbero i titoli e la preparazione ottimale per accedere, ma che si vedono esclusi a priori dall'accesso.

La raccomandazione viaggia spesso attraverso circuiti familiari (nepotismo): un parente può essere favorito da un membro della stessa famiglia, che occupa una posizione importante in seno a un istituto della pubblica amministrazione, un ente privato o una struttura confessionale.

Per raccomandazione s'intende comunemente un'azione o una condizione che favorisce un soggetto, detto raccomandato, nell'ambito di una procedura di valutazione o selezione, a prescindere dalle finalità della procedura, cioè indicare i più meritevoli e capaci. Per essere tale, la raccomandazione deve coinvolgere un altro soggetto, detto raccomandante o sponsor, il quale esercita un'influenza sulla procedura di valutazione, indipendentemente dalle qualità del soggetto raccomandato. Le procedure di valutazione o selezione più frequentemente distorte dalle raccomandazioni sono i concorsi pubblici, le procedure di selezione del personale, i procedimenti di valutazione scolastica o di accesso a un corso di studi, gli esami universitari o di abilitazione professionale, o qualsiasi procedura dove si valuta l'idoneità o la competenza di un soggetto in un determinato ambito professionale o culturale. Per tutti questi aspetti, le raccomandazioni sono da considerare una vera e propria piaga sociale, che danneggia alle fondamenta il sistema sociale ed economico, incoraggiando la "fuga dei cervelli", minando la competitività del

45

sistema produttivo, favorendo l'inefficienza, gli sprechi e l'illegalità nella pubblica amministrazione e contribuendo a diffondere un'atmosfera di sfiducia e scarsa propensione al lavoro e allo studio.

Salvo che non si rendano necessari tali meccanismi, si consiglia di giocare la propria partita, cercando di sfruttare al massimo le proprie caratteristiche e potenzialità e che sicuramente non ci porteranno a compromessi sgradevoli.

X
Il mediogioco.

Nella fase centrale della nostra partita, che prende il nome di mediogioco, predomina la tattica: in questa fase si sfruttano sovraccarichi, scalzamenti, forchette e inchiodature (schemi utilizzati), allo scopo di costringere l'avversario a scambi di materiali svantaggiosi o a cedere terreno.

Negli scacchi, la tattica concerne lo studio di azioni a breve termine, ovvero sufficientemente brevi da poter essere calcolate in anticipo da un giocatore umano o da un computer (la profondità di analisi dipende ovviamente dall'abilità del giocatore stesso).

Nelle posizioni equilibrate e con molte possibilità per entrambi gli schieramenti, un'analisi profonda è in genere molto difficile da stabilire, mentre diventa decisiva, nelle posizioni cosiddette "tattiche", nelle quali sono possibili poche varianti forzate e molte volte solo una o poche mosse evitano la sconfitta.

I principali schemi tattici di base sfruttano le varie caratteristiche dei pezzi o la particolare disposizione che si presenta sulla scacchiera per cercare di ottenere un vantaggio. Ne sono un esempio l'attacco doppio (noto in certi casi come forchetta o occhiali), schema che prevede l'attacco simultaneo di due pezzi per catturarne uno, oppure l'infilata e l'attacco di scoperta, che approfittano di particolari posizioni o allineamenti favorevoli dei pezzi.

Il mediogioco, la fase centrale della nostra partita, non ha un inizio e una fine netta: si considera iniziato quando hanno termine sia lo sviluppo dei pezzi sia l'impostazione della struttura pedonale e termina quando il gioco è sufficientemente semplificato da poter essere considerato finale di partita. Ciascuno dei due giocatori, avendo attivato il più possibile le proprie forze, tenta di prendere l'iniziativa per attaccare l'avversario e conquistare un vantaggio, con catture o cambi favorevoli di pezzi. In questa fase della partita termina l'ausilio della teoria d'apertura e i giocatori devono sviluppare la propria strategia sfruttando le caratteristiche della posizione e le possibilità tattiche che essa offre. La pianificazione strategica del mediogioco dipende dallo stile del giocatore e dalle caratteristiche della posizione, in particolar modo dalla struttura pedonale, che influenza molto anche le scelte in merito alla semplificazione del gioco, ovvero al cambio dei pezzi. Gli squilibri di materiale, specie se ridotti, possono, infatti, portare a una vittoria nel finale soltanto se sfruttati con un'adeguata semplificazione.

Secondo come si è svolta l'apertura del gioco, si può avere, nel mediogioco, una posizione aperta o una chiusa.

Si dice aperta una posizione con pochi pedoni centrali, diagonali libere e almeno una colonna sgombra da pedoni. Una posizione aperta, come si può immaginare, porta a uno scontro violento con catture e scambi di pezzi continui: in genere le partite con posizioni aperte sono brevi e arrivano rapidamente al finale.

Una posizione chiusa, viceversa, è uno stato in cui i pedoni sono ancora quasi tutti presenti sulla scacchiera ed hanno una struttura molto forte: questo rallenta le manovre dei due giocatori e li costringe a una partita che, impostata sulla difensiva o comunque caratterizzata da complesse manovre, può diventare anche molto lunga. Più lunga sarà la nostra partita, più possibilità avremo, per correggere i nostri errori, con la possibilità di cercare vergini strade da percorrere, nuovi stimoli per una vita migliore.

XI
La Regina.

Nel gioco degli scacchi la donna, chiamata anche Regina, è considerato il pezzo più potente, essendo quello che usufruisce di una mobilità maggiore. La donna è più potente di una torre o di un alfiere, ma si considera convenzionalmente che due torri insieme siano più potenti di una donna. Indicativamente, si può pensare che una donna valga circa nove pedoni. Essendo la donna molto potente, lo scambio con un pezzo di minor valore è da considerarsi molto sfavorevole, tranne che nel caso in cui questo sacrificio porti a una posizione chiaramente vincente (molte delle partite più famose della storia contemplano sacrifici di donna). La potenza della donna si esprime al meglio quando la situazione sulla scacchiera è aperta e il Re dell'avversario non è difeso bene, o quando l'avversario ha molti pezzi "sciolti" (indifesi) nel suo campo. Avendo una gittata lunga e la possibilità di muoversi in otto direzioni diverse, la donna è molto ben dotata per eseguire degli attacchi doppi.

Grazie a lei la partita si anima, si velocizza, e la nostra strategia assume prospettive a lungo termine: riuscire a muovere la Regina in una scacchiera poco affollata dà sicurezza e padronanza assoluta sulla gara.

Quando una donna entra a far parte della nostra vita si spalancano previsioni lungimiranti sul futuro, si comincia a guardare lontano, fantasticando sempre in misura positiva.

Nel nostro percorso evolutivo, quanto può incidere l'avvento di una donna o viceversa?

Per quanto riguarda i rapporti di coppia, possiamo trarre due notizie, una buona e una cattiva: la prima è che gli esseri umani sono geneticamente destinati a innamorarsi, non c'è niente da fare, e questo porterà vantaggi e benefici per il futuro. La cattiva notizia è che le coppie non sono necessariamente destinate a restare unite o a durare eternamente. È naturale arrivare a perdere interesse per il partner, trovarlo poco attraente, e accompagnarsi a un'altra persona. Queste semplici indicazioni ci permettono di stabilire che la nostra partita subirà alterazioni e condizionamenti tali da sovvertire le nostre strategie iniziali.

XII
La conoscenza.

Il rapporto di coppia è, per sua natura, caratterizzato da un'interazione dinamica e persistente tra due persone che comunicano sulla base della presunzione di una conoscenza reciproca, in parte approfondita. Ed è proprio quest'aspetto, cioè la conoscenza dell'altro, l'elemento più critico e rappresentativo della vita a due, che sempre più spesso riserva ai componenti della coppia brutte sorprese. Infatti, spesso si pensa di conoscere il proprio partner molto bene, anzi profondamente, salvo poi scoprire con grande delusione che di questa persona con la quale si può aver vissuto anche a lungo, si aveva una conoscenza piuttosto superficiale, soprattutto se essa (ma a volte sono coinvolti entrambi i componenti) inconsciamente o magari intenzionalmente, ha comunicato ed agito con il preciso scopo di far conoscere al proprio partner la parte migliore di sé, nascondendo volutamente, per non apparire poco desiderabili o, peggio ancora, vulnerabili, quella parte di sé che non si accetta o che si intende volutamente tenere segreta o addirittura ignota a se stessi.

Un simile comportamento potrebbe apparire ingannevole nei confronti dell'altro, che avrebbe così acquisito informazioni parziali e incomplete sul proprio interlocutore, ricavandone un profilo di personalità poco vero, non autentico e soprattutto diverso dalla realtà, poiché solo parzialmente corrispondente alle vere caratteristiche psico-fisiche, relazionali ed emotive del soggetto. Chi intenzionalmente avesse attuato una simile strategia di comunicazione e di comportamento auto protettivo, e/o manipolativo, pensando di far bene il suo "gioco", presto ne rimarrà deluso dai risultati assolutamente negativi, con i quali potrebbe chiudersi la partita a due. Infatti, su un piatto della bilancia ci sarebbe la delusione del partner "tradito" per la mal ripagata fiducia, sull'altro un sentimento ancora più grave: l'umiliazione di aver mentito a se stessi, con gravi perdite sul fronte dell'autostima.

Il primo consiglio fondamentale è senza dubbio quello di fare della conoscenza profonda dell'altro, un obiettivo importante e prioritario, da cui poi dipenderà, in ultima analisi, il buon andamento del rapporto di coppia, che è misurato concretamente da un particolare indicatore: la voglia di stare insieme. Sì, proprio così, il tempo che si desidera trascorrere con l'altro per comunicare, giocare, amare, divertirsi, crescere, ma anche per affrontare insieme i problemi della quotidianità, diventa un tempo di vita che indirettamente è la misura di un rapporto di coppia riuscito e che funziona bene, in cui entrambi i partner possono affermare di essere veramente felici.

XIII
La libertà individuale.

Alcuni studi hanno dimostrato che il cervello degli esseri umani, nel maschio e nella femmina, funziona in maniera diversa, specialmente a livello di attitudini mentali. La donna ha sviluppato un tipo di comunicazione verbale e intuitiva dei sentimenti, per cui il cervello femminile è molto più portato all'intimità, all'interiorità, all'intuizione, all'espressione verbale. L'uomo ha sviluppato un'altra attitudine, per cui eccelle nell'orientamento spazio-temporale, nella logica. Questi aspetti ci aiutano a capire che l'uomo, rispetto alla donna, è più propenso a giocare la sua partita fino in fondo, senza farsi condizionare dall'aspetto affettivo e difficilmente accetterà di cambiare i suoi obiettivi. I tempi cambiano e trasformano il nostro modo di essere, di apparire, di vivere, influenzando non poco sulla vita di ognuno di noi, facendoci perdere di vista quei valori che un tempo erano le basi di un vivere sereno. Ad esempio, costruire una famiglia in questi anni è forse più difficile che in passato, poiché ci si scontra con un mito molto presente nella società occidentale, che vede nella libertà individuale e nella propria autorealizzazione un obiettivo da raggiungere a tutti i costi: pertanto, tutto ciò che minaccia tale obiettivo, legami familiari compresi, va tenuto a debita distanza. Spesso, tuttavia, concentrati su questo mito, si perde di vista il fatto che, in realtà, potrebbe essere proprio un legame familiare, magari una relazione di coppia matura e appagante, ad aiutarci a comprendere ciò che desideriamo fare o diventare. In questo senso anche il rapporto di coppia, lungi dal rappresentare un ostacolo, potrebbe diventare possibilità, un trampolino di lancio, un luogo, dove dimezzare le fatiche e raddoppiare i guadagni. Per fare in modo che le nostre partite non subiscano alterazioni violente, deviazioni o cambi di strategie, alla base del nostro rapporto deve sussistere l'amore, l'unico sentimento con il potere di mettere insieme e plasmare gli obiettivi di entrambi i membri della coppia; in poche parole, una sola direzione nel loro futuro.

L'amore, uno degli argomenti più discussi del mondo. Psicologi, sociologi, etnologi, sessuologi e scienziati lo studiano sotto ogni angolatura, gli artisti ne traggono ispirazione e per i comuni mortali è oggetto di una caccia senza fine.

Se invece, l'amore non c'è, oppure finisce, se si spegne lentamente nel corso degli anni, che danni potrà portare nel nostro futuro e come cambierà la nostra partita?

XIV
Interazioni.

L'amore è l'approdo al quale ogni individuo desidera arrivare, ma accanto all'aspetto più sano dell'amore esistono numerose varianti, legate a patologie particolari che possono condurre a stati di sofferenza e gravi crisi di depressione.

Nella vita di coppia, conservare alto il livello d'amore è spesso impresa ardua, soprattutto quando è contaminato dai problemi quotidiani, dalle cattive abitudini nel vivere insieme, dalla prevedibilità e dall'incapacità di rilanciarne lo smalto migliore.

Fermatevi un attimo a pensare alla vostra relazione di coppia: quali sono i primi pensieri che vi vengono in mente? Quali sensazioni provate d'istinto?

La vostra relazione potrebbe procurarvi grande gioia e completezza se l'amore trionfa, oppure, in caso contrario, può portarvi ansia e frustrazione, anche a causa di prospettive disilluse e tensioni tra voi e il partner. O forse siete entrambi così occupati e travolti dal frenetico ritmo della quotidianità, che, in realtà, quando siete insieme siete troppo stanchi per ritrovarvi e concedervi qualche attimo di tenerezza. La capacità di comunicare, l'attrazione fisica, il piacere di stare insieme, gli interessi comuni, la capacità d'ascoltare, il rispetto reciproco, il trasporto romantico, sono tutti dati orientati a esaurirsi se non si fa qualcosa. E' importante dunque sapere cosa aspettarsi col tempo, avere prospettive realistiche, circa quello che si potrà avere.

L'amore può essere quindi vita, desiderio, rimaneggiamento continuo delle belle emozioni, ma può anche essere motivo di grandi dispiaceri.

Se nel corso della nostra vita, ci innamoriamo di una persona che, con le sue potenzialità economiche o professionali, facilita il nostro successo, inserendoci in un ambiente sociale e lavorativo di alto livello, ci sentiremo appagati e sicuri del nostro futuro, convinti più che mai che niente e nessuno potrà scalfire quel benessere accumulato. Se alla base di questa relazione c'è positività, impegno, amore e rispetto, ogni cosa diventerà idilliaca, utopica, tutto contribuirà a renderci gioiosi e produrrà profondità e dolcezza al rapporto di coppia.

Non ci sarà bisogno di usare strategie o tattiche durante il proseguimento della nostra partita, ma se mancano questi elementi, se scarseggerà l'attenzione ai propri impegni e il rispetto nei riguardi dell'altro, se si trascureranno questi fattori, semplicemente la coppia non esiste. Alla fine, tutto andrà a rotoli, influendo negativamente sulla nostra vita. È solo un piccolo esempio, forse anche troppo cruento sotto certi aspetti, ma ci fa capire che per reggere un rapporto che duri nel tempo, c'è bisogno di "interazioni positive", come può essere un atteggiamento affettuoso, un ascolto sincero, la gioia per le scoperte e le conquiste del partner. Sono piccole cose che se vengono a mancare contribuiranno negativamente sul rapporto e sulla nostra vita.

XV
Le convinzioni.

Uno dei pezzi importanti della scacchiera è la Torre che sta a indicare la fortezza, il castello, il baluardo in cui il Re si difende. La forza delle torri è considerata maggiore rispetto a quella dell'alfiere e del cavallo. Lo scambio di un alfiere o di un cavallo con una torre è definito come uno scambio conveniente (chiamato guadagno della qualità). Due torri insieme sono considerate leggermente più potenti di una donna. In conclusione la donna e la torre sono chiamati pezzi pesanti mentre l'alfiere e il cavallo sono chiamati pezzi leggeri. La Torre ha un simbolismo fortemente massonico e rappresenta la forza, la protezione, la difesa, e non a caso, è in grado di proteggere fisicamente il Re utilizzando una speciale regola chiamata Arrocco. Per questi motivi è rappresentata anche nei Tarocchi, dove assume un ruolo importante e protettivo, e sono proprio le carte che ci insegnano a fare la mossa e usarlo con cautela, perché, questo pezzo che procede ortogonalmente, può crollare, cedere all'avversario, esponendo il Re a tutti i pericoli. Una "Fortezza di Razionalità" e di "convinzioni" dietro di cui tutti noi umani ci nascondiamo, ma che può crollare e lasciarci nudi e indifesi.

I nostri pensieri creano la realtà e sono formati dalle convinzioni in cui crediamo, che possono limitarci e bloccare la nostra crescita, oppure possono espanderci e portarci allo sviluppo e alla nostra realizzazione personale. Gran parte della nostra vita dipende dalle convinzioni, le quali determinano il nostro stato d'animo, le aspettative, e i comportamenti associati. Poiché le convinzioni creano la nostra realtà, ci permettono di evolverci e di allargare la percezione di noi stessi, degli altri, delle cose e del mondo. Possiamo quindi aumentare le nostre risorse e quindi permettere alle nostre capacità di sviluppare ed evolvere. La "convinzione" in se non esiste fisicamente nel mondo reale, ma credendoci noi gli generiamo una vita propria, la rendiamo concreta nella nostra mente, la trasformiamo in energia, azioni, fatti, e quindi realtà. Le nostre credenze determinano tutte quelle cose che accettiamo o che rifiutiamo, le cose che possiamo fare o che non possiamo fare. Quando nasciamo, assimiliamo miliardi d'informazioni che arrivano dall'esterno, dalla famiglia, dagli insegnanti, dalla scuola, dalla società, dalle amicizie ecc, e attraverso le nostre personali informazioni, plasmiamo la nostra realtà individuale. Una realtà "nostra" con la quale vediamo, sentiamo e percepiamo noi stessi, gli altri, le cose, gli eventi e il mondo.

Nella vita bisogna sempre combattere, per se stessi, per chi si ama, per gli ideali in cui crediamo. La sorte della partita è ignota, ma dobbiamo indirizzarla noi alla vittoria, con le nostre forze.

XVI

Le forze della natura.

Gli Alfieri sono pezzi alquanto strani: apparentemente potenti, poiché movibili in diagonale su qualunque distanza ma in realtà sono limitati e vulnerabili. Rappresentano i punti cardinali della Terra, sono le forze naturali immutabili, da usare con criterio per i propri scopi, le quattro direzioni principali, verso le quali è possibile muoversi, trovandosi su di una superficie. Gli Alfieri sono i nostri condottieri, sono i pezzi che con la loro forza avanzano per primi, spianandoci la strada su questa Terra che nasconde insidie e pericoli di ogni genere e mette a dura prova la nostra consistenza fisica e mentale.

La Terra è uno dei quattro elementi del cosmo, dell'universo, ed è considerato da sempre e in qualsiasi tradizione, il più sacro e divino, poiché simboleggia la materia primordiale. La Terra è al tempo stesso materna e nutriente, ed anche pratica, concreta, solida e potente. Fertile e creativa, nutriente e rigogliosa, racchiude in sé le caratteristiche del grembo materno che accoglie la vita e la nutre, e in senso pratico ha le qualità della costanza, della pazienza, ma anche della forza, quella devastante della natura.

"Viviamo in mezzo a lei, e le siamo stranieri; agiamo continuamente su di lei e non abbiamo su di lei nessun potere; costruisce sempre e sempre distrugge; come fa oggi, potrà fare sempre".
J. W. Goethe

È l'immensa forza della natura; infinita, eterna imprevedibile sovrana che tutto crea e violentemente abbatte in pochi istanti, distrugge gli uomini, sue creature e sudditi infedeli. Da sempre l'uomo canta e loda la sua immensa bellezza, l'incontro tra armonia e perfezione assoluta; i nostri occhi brillano davanti ai suoi meravigliosi colori e le sue molteplici forme affascinano noi, esseri umani, avidi di conoscenza. Con toni altezzosi e di superbia affermiamo di conoscere la natura in tutte le sue forme, poi con sgomento e incredulità guardiamo la sua immensa furia scatenarsi su di noi.

Gli uomini diventano tanti piccoli pezzi d'arredamento di un mondo infinito e imprevedibile. La scienza, la tecnologia, la fisica e la geometria non possono fare nulla, è impossibile prevedere il comportamento della natura e intervenire per evitare catastrofi, e questo ci rende fragili e insicuri, con la paura che tutto quello che abbiamo creato, si perda all'improvviso, senza preavviso. Sono inevitabili eventi che sconvolgono la nostra vita lasciandoci impotenti e senza possibilità di contrasto, contro di cui dobbiamo far fronte, lottando, senza arrenderci mai, per osteggiare la furia del destino.

XVII
Stravaganza.

Il Cavallo è il pezzo più caratteristico
degli scacchi. Innanzitutto, a differenza dei
"colleghi" torre, alfiere e Regina, il cavallo
può "saltare" avversari e compagni. Il suo è
un movimento caratteristico, detto "a elle":
per muoverlo correttamente, occorre
calcolare un avanzamento di due caselle e
uno spostamento di lato di una casella o,
viceversa, un avanzamento di una casella e
uno spostamento laterale di due. In ogni
caso si ottiene una "L" dalla casella di
partenza a quella di arrivo. Se la casella di
partenza è nera, il cavallo atterrerà
obbligatoriamente su una casella bianca, e
viceversa. Anche il cavallo può muoversi
all'indietro, sempre compiendo il suo salto
"a elle". Il cavallo dà il meglio di se negli
spazi angusti, quando molti pezzi sono
ancora sulla scacchiera e solo lui può
saltarli. Per catturare un avversario, deve
atterrare proprio sulla sua casella. Per

capire l'importanza di tenere il cavallo verso il centro della scacchiera si può citare un detto:

"Un Cavallo posto al margine
è come l'acqua di fronte all'argine!"

Infatti, se un cavallo si trova al bordo della scacchiera la sua possibilità di muoversi sarà molto più limitata, e quindi, anche l'utilità che ne deriva, parzialmente compromessa. Due cavalli nelle zone centrali della scacchiera sono una grande insidia anche per un giocatore preparato, saperlo usare bene fa la differenza tra un giocatore mediocre e uno bravo, e questo è di vitale importanza, soprattutto nelle situazioni chiuse. Si dice "matto come un cavallo" non a caso, perché, nella realtà come nel gioco degli scacchi, il cavallo è il pezzo più balzano.

Sì, essere bizzarro, eccentrico, in molti casi favorisce l'inserimento in un determinato ambiente sociale, e aiuta non poco a emergere positivamente. Sembrerà strano, ma in una società come la nostra l'essere stravagante caratterizza l'individualità, donando una personalità unica, inimitabile, nel bene e nel male. L'espressione personale, il modo di vestire, il contegno nel parlare, il modo di ragionare e di discutere, indurrà gli altri a considerare quella persona come esclusiva, fuori dalla norma, e apparirà come speciale e unico. La stravaganza è una questione di estetica e di spirito che non si può inventare, ma con il tempo ci si può diventare, temprando il proprio carattere.

"Nessun grande Maestro è normale...
la differenza fra loro è il diverso tipo di
follia."
(V. Korchnoi)

XVIII

La tenacia.

Gli scacchi sono l'espressione dell'intelletto, sono uno scontro d'idee; in questo gioco c'è un coinvolgimento non indifferente. La cosa più importante è che, nel gioco degli scacchi, s'impara a riflettere prima di fare una mossa e trasportando questo concetto alla vita s'impara a pensare prima di agire impulsivamente.

"Grazie agli scacchi ho temprato il mio carattere, perché gli scacchi ci insegnano a essere obiettivi. Non si può diventare un Grande Maestro se non s'impara a riconoscere i propri errori e i propri punti deboli, così come nella vita".
(Alexander Alechin)

Giocando a scacchi s'impara a conoscere i propri limiti, ad ammettere i propri errori, a prenderne atto e a cercare di non commetterli in futuro.

"Sulla scacchiera le menzogne e l'ipocrisia non sopravvivono a lungo. La combinazione geniale mette a nudo la presunzione della menzogna. L'attacco spietato, che culmina nello scacco matto, contraddice l'ipocrita".
(Emanuel Lasker)

Sulla scacchiera non esiste la fortuna, non esistono le bugie, non ci si può rifiutare di muovere, bisogna assumersi le responsabilità delle proprie azioni, non ci si può nascondere, non si può incolpare qualcun altro. Uno dei migliori metri di misura del potere e della maturità di una persona, è quello di assumersi le proprie responsabilità. Se non credete nel fallimento, se siete pienamente consapevoli che i vostri sforzi portino al risultato sperato, non avete nulla da perdere e, anzi, tutto da guadagnare, assumendovene le responsabilità, ma dovete crederci e lottare fino in fondo, con fermezza e determinazione, con accanimento e tenacia:

sì, quella combinazione di volontà e desiderio, quella forza interiore che ci spinge a superare le difficoltà e ad andare oltre i nostri limiti. Esercitiamo la tenacia ogni volta che sentiamo dentro di noi quella consapevolezza di poter raggiungere i nostri obiettivi. Esercitiamo la tenacia quando a dispetto di chi ci critica o mette in dubbio le nostre capacità perseveriamo nel portare avanti il nostro progetto. Esercitiamo la tenacia ogni volta che non accettiamo la sconfitta. Da ciò, credo che avete potuto intuire che per molti scacchisti, questo gioco è qualcosa di più che un semplice svago, è la vita.

"Gli scacchi mettono in conflitto non due intelligenze ma due volontà."
(Emanuele Lasker)

XIX
Il Re.

Il Re è il pezzo fondamentale del gioco, poiché la sua cattura provoca automaticamente la perdita della partita. Il Re non può spostarsi in caselle che sono sotto minaccia di un qualunque pezzo avversario. Si può muovere di una sola casella alla volta in qualunque direzione, ad eccezione di quando si esegue l'arrocco, l'unica mossa del gioco che consente di muovere due pezzi contemporaneamente, il Re e una Torre. L'arrocco si compie spostando il Re di due caselle verso la Torre e mettendo la stessa a fianco del Re, dalla parte opposta. L'arrocco può essere di due tipi: corto o lungo, a seconda che il re si muova verso la Torre più vicina o lontana.

Lo scacco matto è il fine che il giocatore deve perseguire, è la condizione in cui il Re avversario è direttamente minacciato da un nostro pezzo e non ha alcuna modalità di sottrarsi a tale minaccia, in quanto qualsiasi mossa compia sarebbe sempre "catturabile" da un nostro pezzo.

"Noi siamo i pedoni della misteriosa partita a scacchi giocata da Dio. Egli ci sposta, ci ferma, ci respinge, poi ci getta uno a uno nella scatola del Nulla".
(Omar Khayam, poeta persiano del XII secolo)

Tutto gira intorno al nostro agire e alla volontà di perseguire i nostri obiettivi, ma c'è la necessità di un qualcosa che ci aiuti, e che non dipenda esclusivamente dalla nostra tenacia: abbiamo bisogno di fortuna.

Secondo il poeta greco Cheremone, l'agire degli uomini è dovuto alla fortuna e non a sagge decisioni. Tale tesi fu avversata da Plutarco e da Sallustio secondo i quali, ciascuno è artefice del proprio destino e della propria fortuna. Sulla stessa lunghezza d'onda di Cheremone appare sintonizzato Wolfgang Goethe, secondo cui "sulla vita di un uomo domina una sorte instabile".

L'antitesi fortuna-agire umano appare dunque inconciliabile, perché se è vero che il risultato dell'agire umano non può basarsi su una sorte instabile, è altrettanto sicuro che il risultato dei nostri sforzi spesso è molto lontano da quello progettato.

XX
Virtù e fortuna.

La questione riguardante il tema della virtù e della fortuna è stata spesso al centro della riflessione di molti poeti e artisti illustri, come Machiavelli, Ariosto, Guicciardini e anche Leon Battista Alberti. Nella concezione di Machiavelli, "Virtù" e "Fortuna" sono complementari fra loro, in altre parole un uomo virtuoso non potrà mai sfruttare appieno la sua virtù se la fortuna non gli presenta il momento propizio per metterla a frutto, così come un uomo cui si presentano tali circostanze non potrà sfruttarle se non ha la virtù. Tuttavia Machiavelli si discosta dal pensiero di chi ritiene che gli uomini non possano nulla contro queste forze, sostenendo che la Fortuna controlla solamente la metà delle nostre azioni, lasciando l'altra metà al nostro libero arbitrio, che dobbiamo sapere sfruttare attraverso la virtù. Per spiegarsi meglio il poeta fa ricorso a un esempio, immaginando la fortuna come un fiume impetuoso che, quando straripa, provoca ingenti danni alle persone, alle loro case e ai campi. Tuttavia, se si costruiscono dei solidi argini, il fiume sarà controllato, così come deve essere sottomessa la fortuna rispetto alla virtù.

Leon Battista Alberti spiega il ruolo della fortuna sempre con una metafora inerente un fiume: la riva di questo fiume è la morte, mentre il corso impetuoso dell'acqua è la vita. Ci sono due diversi tipi di uomini: chi per nuotare lungo il corso del fiume si aggrappa a delle otri, che, urtando degli scogli, potrebbero rompersi, lasciando l'uomo in balia del fiume e chi, invece, fiducioso delle proprie capacità, decide di percorrere il fiume nuotando e facendo affidamento sulle proprie sole forze. Possiamo dedurre che le otri rappresentano la Fortuna e la loro rottura simboleggia la sua brevità e la sua temporaneità, mentre la Virtù è paragonata alle forze degli uomini che decidono di percorrere il fiume a nuoto.

Secondo Guicciardini non si può negare che nella vita umana la fortuna abbia una grandissima importanza, poiché ci si rende conto di come nella vita di tutti i giorni, le varie circostanze in cui questa fortuna interviene sono molteplici e l'uomo non è in grado né di prevederle né di evitarle. E tale fortuna può anche incidere, come nel caso di Fabio Massimo, nel successo di un uomo, tuttavia legato alle circostanze temporali, che richiedevano allora le qualità e le doti di cui egli era dotato. In conclusione, si ha un duplice aspetto della fortuna che varia nella vita di ogni uomo, ma anche in se medesimo, poiché un individuo può essere fortunato in alcune cose, come può non esserlo in altre. Nel corso della nostra partita, della nostra vita, non possiamo affidarci soltanto sulle nostre forze, sulle nostre virtù, dobbiamo considerare soprattutto, quella serie di circostanze favorevoli o sfavorevoli, che si presentano quotidianamente nella vita di tutti i giorni, dalle questioni più insignificanti di cui nemmeno ci accorgiamo, a quelle di maggior rilievo che possono influenzare anche l'intero corso della nostra vita. Chiaramente non tutto è sotto il nostro controllo e la nostra volontà, spesso rimaniamo inermi di fronte alle manifestazioni più evidenti della fortuna, ma sta comunque a noi e alle nostre capacità poter gestire nel migliore dei modi le situazioni che possiamo controllare e al nostro buon senso operare le scelte che ci sono proposte.

XXI
La perseveranza.

La vittoria si apre a chi sa imitare gli elementi della natura:

"Quando muovi, spostati veloce come il vento;
se ti blocchi, sii calmo come una foresta;
quando attacchi, imita il fuoco divoratore;
in difesa sii fermo e impavido come la montagna;
se ti nascondi, sii impenetrabile come le tenebre;
se fai un'imboscata, attacca come il lampo".
(Sun-Tsu)

Per vincere dobbiamo affidarci alla nostra forza di volontà e perseverare, sempre.

"Il gioco degli scacchi fa nascere e fortifica in noi parecchie qualità, preziose per la

nostra esistenza, come la preveggenza, la
circospezione, la prudenza e la
perseveranza".
(Benjamin Franklin)

La preveggenza è la presunta facoltà di avere conoscenza del futuro. L'individuo in possesso di tale ipotetica capacità, che rientra nella chiaroveggenza, sarebbe in grado di acquisire conoscenze di eventi prima che accadano e di luoghi o oggetti situati in un futuro più o meno lontano.

La circospezione è l'attenzione a tutto ciò che accade intorno a noi: dobbiamo essere guardinghi, cauti.

La prudenza è la virtù che dispone l'intelletto all'analisi accorta e circostanziata del mondo reale circostante ed esorta la ragione a discernere, in ogni circostanza, il nostro vero bene, scegliendo i mezzi adeguati per compierlo.

La Perseveranza è la forza di volontà, intesa come capacità di attuare costantemente libere scelte di miglioramento e ha sempre rappresentato la differenza tra successo e fallimento.

Se volete riuscire nella vita e cercare di realizzare qualsiasi desiderio, dovrete affidarvi alla perseveranza, perché è la qualità principale per ottenere qualsiasi risultato.

Quando le cose si faranno oscure e vi sembrerà che non ci sia alcuna ragione per continuare, quando tutto in voi vi esorterà a rinunciare, sarà proprio allora che si distingueranno gli uomini dai bambini; sarà proprio a quel punto che, se avrete la forza di percorrere ancora qualche altro metro e andare avanti, l'orizzonte si schiarirà e comincerete a vedere i primi segni di quell'abbondanza che dovrà essere vostra, solo perché avete avuto il coraggio di perseverare.

Occorre perciò passare attraverso l'esame della perseveranza e quelli che non riescono a superare questo esame, semplicemente non raggiungeranno la meta, quelli che ci riescono saranno premiati. E questo non è tutto, poiché riceveranno qualcosa di molto più importante:

"Ogni sconfitta porta con sé, il seme di un equivalente successo".

XXII
La partita di Marostica.

Marostica si trova in provincia di Vicenza, ai piedi dell'Altopiano di Asiago, ed è nota in tutto il mondo per la partita a scacchi che si svolge ogni due anni (anni pari), con personaggi viventi nella piazza cittadina, nel secondo fine settimana di settembre.

La vicenda della partita risale al 1454 quando Marostica era una delle fedelissime della Repubblica Veneta. Avvenne che due nobili guerrieri, Rinaldo d'Angarano e Vieri da Vallonara, si innamorassero contemporaneamente della bella Lionora, figlia di Taddeo Parisio, Castellano di Marostica e, com'era costume di quei tempi, si sfidassero in un cruento duello. Il Castellano, che non voleva inimicarsi alcuno dei due calorosissimi giovani e perderli in duello, proibì lo scontro rifacendosi anche a un editto di Cangrande della Scala e decise perciò che Lionora sarebbe andata sposa a colui, tra i due rivali, che avesse vinto una partita al nobile gioco degli scacchi: anche lo sconfitto sarebbe diventato suo stesso parente, sposando Oldrada, la sorella minore.

L'incontro si sarebbe svolto in un giorno di festa nella piazza del Castello da Basso, a pezzi grandi e vivi armati e segnati delle nobili insegne dei bianchi e neri, alla presenza del Castellano, della sua nobile figlia, dei Signori di Angarano e di Vallonara, dei nobili e del popolo tutto. Decise anche che la disfida fosse onorata da una mostra in campo di uomini d'arme, fanti e cavalieri, fuochi e luminarie, danze e suoni.

Ecco dunque scendere in campo gli armati: arceri, balestrieri e alabardieri, fanti schiavoni e cavalieri, il Castellano, la sua nobile corte, con Lionora trepidante perché segretamente innamorata di uno dei due contendenti, la fedele nutrice, dame, gentiluomini, l'araldo, il capitano d'armi, falconieri, paggi e damigelle, vessilliferi, musici, massere e borghigiani e poi ancora i bianchi e i neri con Re e Regine, torri e cavalieri, alfieri, pedoni e i due contendenti che avrebbero ordinano le mosse; tripudio infine con fuochi e luminarie secondo l'ordine del Castellano.

E così oggi tutto si ripete, come la prima volta, in una cornice di costumi fastosi, di corteggi pittoreschi, di gonfaloni multicolori, di marziali parate, di squisita eleganza, e su tutto domina una nota di singolare gentilezza, cui si è ispirata la rievocazione, e questa festa torna a rivivere tutt'oggi, quasi per miracolo e sempre più, intrisa di fantasia.

I comandi alle milizie vengono ancora oggi impartiti nella lingua della "Serenissima Repubblica di Venezia".

Lo spettacolo, con oltre 550 figuranti, dura circa due ore ed è una manifestazione da non perdere.

XXIII
L'abbandono.

L'obiettivo di ciascun giocatore è di battere l'avversario dando scacco matto al suo Re. Questo accade quando il Re del proprio avversario si trova sotto scacco, cioè minacciato da uno o più pezzi, e non sarà più possibile:

a) spostarsi in altre case, perché bloccate da altri pezzi o anch'esse sotto scacco;

b) parare lo scacco in altra maniera, come per esempio mangiando il pezzo che sta dando scacco con una qualunque pedina del proprio schieramento o interponendo una di esse lungo la linea del pezzo che gli sta dando scacco.

E' da ricordarsi assolutamente il fatto che se si ha il proprio Re sotto scacco bisogna obbligatoriamente cercare di parare lo scacco avversario, catturando il pezzo che sta dando scacco, spostando il Re o interponendo un altro pezzo lungo la linea da cui arriva lo scacco. Se non esistono maniere per parare lo scacco si perde la partita.

Non è necessario che una partita prosegua fino allo scacco matto, poiché è concesso che un giocatore che si trova in netta inferiorità di pezzi o di posizione abbia la possibilità di abbandonare la partita prima della conclusione. Si dice in questo caso che l'avversario vince per abbandono dell'altro giocatore.

L'abbandono nell'ambito della psicologia può essere visto come causa di disagio emotivo e, in certi casi, di eventuali disturbi psichici, che si possono manifestare attraverso l'angoscia e la solitudine.

Infatti, se un rapporto affettivo (inteso in senso esteso) tra un individuo e uno o più componenti del mondo esterno si spezza, può minare alla base una situazione di stabilità psicologica derivante in parte anche da questo legame.

La situazione è ovviamente variabile secondo molti fattori; innanzitutto essa dipende dal modo con il quale si è verificato la risoluzione del legame: tanto più la rottura è imprevista, brusca e di difficile risanamento (subentra il timore che non si torni più allo stato precedente), tanto più potrebbe essere grave il danno che ne può conseguire.

Un altro fattore da considerare, riguarda il soggetto che subisce l'abbandono: età e personalità rivestono quindi ruoli estremamente importanti, che possono fare inasprire le reazioni alla rottura del legame fino a livelli di depressione o di configurazione di stabiliti tratti psicologici, le cosiddette "personalità abbandoniche".

Nell'infanzia i sentimenti di abbandono sono molto frequenti, e di solito legati alla mancanza, temporanea o definitiva, di figure familiari, in primis quella della madre (ambito studiato dalla Teoria dell'Attaccamento). Un caso tipico e sintomatico, anche se non provoca ripercussioni, è quello del primo giorno di scuola, in cui il bambino non si vuole privare della figura materna e ciò gli causa momenti di sconforto. Un caso ben più grave, sempre a livello infantile, può essere rappresentato dal bambino privato della madre e collocato in un istituto: ciò può essere fonte di rallentamento dello sviluppo psichico e fisico (più raramente).

Nell'età adulta la psicopatologia dell'abbandono si viene a verificare ad esempio a fronte della scomparsa di persone amate (ad esempio per lutto), e in alcuni casi può portare a vissuti depressivi, come alla non rassegnazione della fine del rapporto, con il desiderio, più o meno celato, di voler cercare ancora un "contatto" con il defunto. Sono solo semplici esempi ma, eventi negativi, possono condizionare per sempre la nostra vita, abbattendo in un solo colpo le barriere che eravamo riusciti a crearci.

XXIV
Depressione economica.

Mentre nei paesi d'Europa e del nord dell'America le popolazioni lottano per difendere il diritto al lavoro, per fronteggiare una crisi che avanza indisturbata, nel Terzo Mondo, la marea umana minaccia di travolgere ogni diga, o l'ha già travolta, cercando fortuna in altri Paesi. L'Italia, ancora pochi anni fa esportatrice netta di emigranti, oggi ne importa migliaia ogni anno ed è una goccia nel mare della sovrappopolazione dei paesi intorno al Mediterraneo.

L'industrializzazione potrebbe certo risolvere questo problema, procurando cibo e risorse a tutti, ma sono proprio gli effetti dell'industrializzazione selvaggia che stanno distruggendo l'ambiente e l'economia, sono gli effetti di una politica sbagliata che ci indicano il pericolo forse maggiore che ci toccherà affrontare in futuro, peggio ancora, ci accorgiamo che la nostra cultura, le nostre capacità di analisi e di decisione, si sviluppano più lentamente dei fenomeni che dobbiamo affrontare.

Molte sono le cause che possono danneggiare e condizionare il nostro percorso e la crisi economica rappresenta una delle cagioni che può rovinare la nostra vita, senza darci la possibilità o la forza di poterci difendere. Se torniamo indietro nel tempo, costatiamo che questo "effetto" negativo ha inferto i suoi colpi con un alternarsi costante nel corso dei secoli, distruggendo sogni e speranze di migliaia di persone, mandando in povertà anche il più grande degli imprenditori.

La grande depressione, detta anche crisi del 1929, grande crisi, o crollo di Wall Street, fu un grave tracollo economico che sconvolse l'economia mondiale alla fine degli anni venti, con forti ripercussioni durante i primi anni del decennio successivo. La depressione ebbe alla propria origine contraddizioni simili a quelle che avevano portato alla crisi economica del 1873-1895. L'inizio della grande depressione è associato con la crisi del New York Stock Exchange (la borsa di Wall Street) avvenuta il 24 ottobre del 1929 (giovedì nero), cui fece seguito il definitivo crollo della borsa valori del 29 ottobre (martedì nero), dopo anni di boom azionario.

La depressione ebbe effetti devastanti sia nei paesi industrializzati, sia in quelli esportatori di materie prime. Il commercio internazionale diminuì considerevolmente, così come i redditi dei lavoratori, il reddito fiscale, i prezzi e i profitti. Le maggiori città di tutto il mondo furono duramente colpite, in special modo quelle che basavano la loro economia sull'industria pesante. Il settore edilizio subì un brusco arresto in molti paesi. Le aree agricole e rurali soffrirono considerevolmente in conseguenza di un crollo dei prezzi fra il 40 e il 60%. Le zone minerarie e forestali furono tra le più colpite, a causa della forte diminuzione della domanda e delle ridotte alternative d'impiego.

Sembra oggi.

Questi fattori esterni influenzano non poco le nostre scelte, i nostri progetti, il raggiungimento dei nostri obiettivi, ingarbugliando il corso della nostra partita e costringendoci a rielaborare le nostre strategie, sempre se ne abbiamo la possibilità e la forza per farlo.

Gli scacchi sono l'arte della guerra senza le carneficine, sono la resurrezione dei morti sul campo dell'onore, la perpetua speranza, la supremazia dell'intelligenza sulla forza, la cultura dello spirito.
(F. Springer)

"Nei miei 23 anni d'esperienza con gli scacchi ho scoperto che gli allievi che imparano a scuola questo gioco riescono meglio nei loro studi. Gli scacchi aiutano i bambini a migliorare in matematica, fisica e nel compimento delle loro ricerche. Essi aiutano anche i giovani a sviluppare il buon senso e la concentrazione, a pianificare la loro vita e a seguire le leggi,

dando altresì loro confidenza in altre aree
di abilità per tutta la vita".
(Orrin Hudson)

"Gli scacchi furono inventati da Dio in un
giorno in cui era particolarmente creativo e
al contempo un po' infuriato con l'essere
umano".
(M. Burla)

"Un giocatore di scacchi preferisce
lasciare la sua testa fra le fauci di un leone
piuttosto che lasciare in presa una Donna".
(A. Nimzovich)

"Per noi inglesi gli scacchi risvegliano
qualcosa nella nostra psiche. Noi siamo
molto bravi a comportarci da corsari ed
anche a fare i banchieri d'affari. Gli
scacchi sono proprio qualcosa del genere:
una specie di pirateria, una sorta
d'opportunismo".
(A. Keene)

XXV
La complicità.

Nella vita non basta solo guardare avanti e pensare a se stessi, bisogna anche condividere successi e delusioni, soprattutto con le persone che fanno parte della nostra famiglia, con amici, con persone cui desideriamo camminare per mano, abbracciati lungo lo stesso sentiero, con la persona che amiamo e che ci ama. È molto importante relazionarsi con le persone giuste e riuscire a mantenere un rapporto sempre vivo e profondo, ma per fare ciò c'è bisogno di complicità, di capirsi e aiutarsi reciprocamente, di conoscersi, di volersi bene.

"Complice" non ha un bel significato nella lingua italiana (né in quella latina, da cui la parola deriva): si è complici di qualcuno in un delitto, in una scelleratezza.

Insomma, sembrerebbe che non si possa essere complici di un'altra persona, senza essere orientati ad agire contro una terza, a danneggiarla, a ingannarla.

In questo caso, il "terzo" escluso non è una persona fisica, ma il mondo in generale e non si esclude per tramare contro di esso, ma semplicemente per godere pienamente di un'intimità a due che non tollera intrusioni di alcun genere.

Essere complice, in un rapporto d'amore, aiuta a trovare quell'equilibrio che è sempre indispensabile in una coppia: quando ci si capisce al volo, quando ci s'intende senza bisogno di tante parole, quando si è consapevoli di quali siano le cose che fanno star bene l'altro e non ci si fa pregare per metterle in pratica. Complicità è sorreggere l'altro in silenzio e ricreare un'armonia tale dove anche un solo respiro, fatto più profondo, equivale a un discorso.

"Gli scacchi sono un mezzo efficace per l'educazione e la formazione intellettuale dell'uomo".
(Che Guevara)

Come Rousseau non poteva scrivere senza avere a fianco il suo gatto, così io non posso giocare a scacchi senza il mio alfiere di Re. Se manca, il gioco per me è senza vita e spento: il fattore vitalizzante è assente ed io non posso organizzare un piano di attacco.
(S. Tarrash)

"Grazie agli scacchi ho temprato il mio carattere, perché questo gioco c'insegna a essere obiettivi. Non si può diventare un Grande Maestro se non s'impara a conoscere i propri errori e i propri punti deboli, così come nella vita".
(A.Aleckine)

"Negli scacchi, come nella vita, la mente umana è limitata, però la stupidità è illimitata".
(W. Steinitz)

Epilogo

L'autore di questo libro ha preferito celare il suo vero nome con uno pseudonimo, perché si trova in una fase della propria partita, e quindi della propria vita, dove apparire equivale a soffrire. I pezzi della sua scacchiera sono disposti in una condizione di difesa e attendono il protrarsi degli eventi per potersi finalmente liberare da "obblighi" stabiliti, per poi, in conclusione, agire senza paure o preoccupazioni e riuscire a condurre il gioco fino alla fine, sfidando il destino. In questo epilogo, come nell'ultimo capitolo di questo libro, l'autore ha voluto sottolineare l'importanza della complicità nei rapporti, che siano d'amicizia o d'amore, soprattutto per chi, come lui in questo periodo della sua vita, caratterialmente e psicologicamente è debole nell'affrontare certi pretesti.

"Chi non è abbastanza forte e abbastanza umile da esporsi, non merita di uscire dalla propria solitudine, al massimo troverà qualcuno simile a sé, che non lo aiuterà a superare le sue paure, ma vi aggiungerà le proprie: con quanto vantaggio e giovamento reciproco, poi, è sin troppo facile profetizzare. Solo chi trova la franchezza di riconoscersi indigente e, quindi, di aprirsi alla richiesta dell'incontro con l'altro, finirà per trovare un compagno o una compagna di strada, nel senso più vero di questa espressione: qualcuno che sia diverso da sé, l'uomo per la donna, così come la donna per l'uomo, ma al tempo stesso, in quanto essere umano, anche abbastanza simile da poterlo capire, apprezzare ed amare. Non c'è niente da fare, non vi sono scorciatoie. Chi non ha fatto i conti con se stesso, non troverà mai l'affettuosa complicità dell'altro e, in particolare, non troverà mai la gioia dell'incontro vero, profondo, con il sesso opposto, che gli schiuderà nuovi e meravigliosi orizzonti esistenziali. È quasi divina la forza che l'uomo e la donna possono donarsi reciprocamente, allorché siano in reale sintonia, e invece di diffidare l'uno dell'altra, di temersi e aggredirsi, uniscano le loro energie vitali, la loro sensibilità, la loro capacità di accoglienza e comprensione, per formare una entità nuova e diversa, che non sarà più la semplice somma delle due componenti, ma qualcosa di molto più vivo e profondo. Questo non significa che ci si possa o ci si debba annullare l'uno nell'altra, sebbene un'esperienza del genere sia certamente possibile ed anche auspicabile, almeno in alcuni momenti di particolare intensità emotiva, quando realmente essi medesimi non saprebbero più distinguere dove finisca l'uno e dove incominci l'altro. Essere complici non significa annullarsi, ma rimanere distinti e tuttavia solidali, uniti da mille vincoli di simpatia, di calore, di desiderio della felicità reciproca. Diversi, appunto, ma anche un po' simili, abbastanza diversi da costituire un grande mistero l'uno per l'altra, e tuttavia abbastanza simili, da potersi spingere almeno fino alle soglie di un tale mistero, se non altro per godere tutto l'ammirato stupore che esso merita. Il segreto, in fondo, è tutto qui, riscoprire la meraviglia dell'incontro che rende i diversi un po' meno diversi, un po' più simili, pur rimanendo distinti".

www.ingramcontent.com/pod-product-compliance
Lightning Source LLC
Chambersburg PA
CBHW060412290526
45791CB00002B/723